© Z4 Editions
Photo de couverture ©Sarah Mostrel
ISBN : 978-2-490595-26-6

Les Juifs en France

Vers un avenir incertain

Les Juifs en France

Vers un avenir incertain

Saga Séfarade, décennie 2006-2016

Alexandre Mostrel

Dédié à
Ma chère épouse,
Mes chers enfants,
Mes chers petits-enfants,
Mes chers arrière-petits-enfants

Ils sont ma plus grande fierté,
ma plus belle histoire d'amour

Avant-propos

Mon livre-témoignage, *Une Saga séfarade*, paru en mars 2006, raconte l'histoire de mes origines et des grands moments de ma vie, jalonnée d'épreuves hors du commun.

Le récit de mon parcours singulier s'étalait sur la période de mes quatre-vingts premières années, de 1925 à 2006.

Mon histoire marquait la fin d'une époque pour le moins dense et mouvementée.

Dix années se sont écoulées depuis la publication de ce livre.

Je relate dans le présent ouvrage, qui peut tenir lieu de postface au livre précédent, mon expérience et les événements réels dont j'ai été le témoin dans la décennie 2006-2016.

N.B.
- Au terme de l'écriture de ce récit, le 31 décembre 2016, j'ai noté que certains moments de l'histoire de cette décade sont toujours d'actualité et peuvent paraître anachroniques.

- Je me suis arrogé la liberté d'emprunter de nombreuses citations à des personnalités qui ont su formuler, mieux que je ne saurais le faire, les idées essentielles exprimées dans l'ouvrage

- *Une saga séfarade* ayant été épuisé lors de sa première diffusion, le livre a fait l'objet d'une réédition légèrement actualisée, chez Z4 Editions.

Chapitre I

Au seuil de mes quatre-vingts ans, j'avais éprouvé le besoin d'écrire mon autobiographie pour mes seuls petits-enfants, pas pour être lu par des personnes extérieures à ma famille.

Je ne souhaitais pas déballer ma vie personnelle en public.

J'avais rédigé cet ouvrage avec sincérité et en toute transparence, usant du langage de tous les jours, sur le mode de la conversation, sans vocabulaire savant, sans fioriture, ni intention d'embellir mon histoire.

Ni aucune présomption littéraire.

Je rappelle que ma langue maternelle n'est pas le français mais le judéo-espagnol, langue conservée par les Juifs séfarades depuis leur expulsion d'Espagne, au XVe siècle.

Autodidacte, sans formation littéraire, je n'ai pas la prétention de me dire auteur. Je n'ai pas les codes ni la technique de la création littéraire. Ecrire un livre n'est pas chose facile. On ne s'improvise pas écrivain.

Ayant arrêté le collège à 16 ans, je n'ai pas suivi de longues études, contrariées par l'infâme Statut des Juifs, édicté en 1940 par Pétain, le Maréchal félon qui a collaboré avec les nazis et a failli à l'honneur.

Je veux ici exprimer ma gratitude et mes remerciements à ma chère fille Sarah, qui a pris l'initiative de faire publier et donner vie à *Une saga séfarade*.

C'est ainsi que le livre fut exposé dans les rayons des librairies.

A découvrir mon nom inscrit sur la couverture d'un ouvrage, présenté sur les devantures de la FNAC, mon *ego* éprouva un sentiment mêlé de surprise et de fierté.

J'appris par internet, avec étonnement, que mon livre se trouvait, par je ne sais quel mystère, à la bibliothèque du Mémorial de l'Holocauste à Washington ?

Le petit tirage de cet ouvrage, vite épuisé, ne fut pas réédité en son temps, suite à des problèmes d'ordre financier de l'éditeur.
Il réapparaît aujourd'hui chez Z4 Editions.

Mes enfants et mes petits-enfants, intéressés par mon odyssée, me réclamaient instamment la suite de mon parcours atypique.

Mais l'Histoire est faite de grands événements, de petites histoires et d'anecdotes amères ou tristes. Or, durant la décennie écoulée, je ne fus impliqué dans aucun fait divers exceptionnel, ni mêlé à un événement historique passionnant ou rocambolesque, susceptible d'intéresser d'autres lecteurs que mes petits-enfants qui, depuis la publication de mon livre, sont sortis de l'adolescence.

Je n'avais pas grand-chose à raconter ; j'avais tout dit dans mon livre.

Si, personnellement, je fus le témoin privilégié des grands événements du XXe siècle, mes enfants et mes petits-enfants ont vécu les faits communs de l'Histoire contemporaine, qui se sont déroulés sous nos yeux.

C'est leur tour maintenant de relater leur propre vécu, leurs tribulations liées aux événements marquants de leur époque, de poursuivre, s'ils le désirent, la narration de la saga familiale, de préserver et de transmettre leur héritage à leurs enfants.

« *Afin que de génération en génération, on sache et que les enfants à naître s'affirment et le racontent à leurs enfants.* » (Psaume LXXVIII, verset 6)

J'ai finalement cédé à leur incitation et accepté de rédiger une prolongation à *Une Saga séfarade*, plus personnelle, plus intime, pouvant faire office de postface à cette saga.

Les sources de mon identité

En préambule, je rappelle que je naquis à Marseille, issu de parents juifs originaires de Turquie. Ma famille séfarade descend des Juifs expulsés d'Espagne en 1492, sous l'Inquisition et accueillis par l'Empire ottoman.

La France d'après-guerre, ayant alors un grand besoin de main-d'œuvre, accueillait les jeunes immigrés à bras ouverts après la saignée de la Grande Guerre de 1914-1918.

Mes parents quittèrent la Turquie pour la France où ils arrivèrent, en 1924, presque sans le sou mais avec l'ambition et la volonté farouche de travailler d'arrache-pied dans l'espoir de fonder une famille et se faire, à force de persévérance et de privations, une place au soleil de Provence.

A leur arrivée, ils ne bénéficièrent pas de l'Etat providence : pas de logement, ni de subventions ou de prestations sociales d'aucune sorte. Ils subirent des années de vache maigre et de galère, exerçant avec acharnement toutes sortes de petits boulots. *« Leur vie ne fut pas pour eux un long fleuve tranquille. »*

Ayant été élevé dans la pauvreté, ma lancinante préoccupation était de sortir de la misère, mettre mes enfants à l'abri du besoin, leur assurer une existence confortable, leur offrir tout ce que je n'ai pas eu dans mon enfance.

Au prix de beaucoup de sacrifices et d'abnégation.

Ma volonté de réussir

Je projetais sur mes enfants et mes petits-enfants mon ambition de grimper dans l'échelle sociale et de réaliser mon rêve du *French dream*.

Je m'étais fixé pour mission de leur transmettre la meilleure éducation possible, leur inculquer l'esprit de famille, l'entraide mutuelle, la générosité, la droiture, le goût de l'effort, l'amour acharné du travail, vertu cardinale, de privilégier la réussite scolaire et l'obtention des diplômes, en vue de préparer leur vie d'hommes et de femmes. Construire leur avenir.

Je visais pour eux le prix d'excellence. J'ai, grâce à **D**., atteint mon objectif.

Chapitre II

Les Juifs et la France

« Il y a un prix à payer pour être juif.
Le Juif doit se surpasser pour être normal.
Pour être humain il doit être plus qu'humain. Pour être un
peuple les Juifs doivent être plus qu'un peuple. »
(Abraham Heschel, Rabbin, théologien, poète et philosophe)

Les Juifs sont présents et enracinés en France depuis des temps immémoriaux. Ils sont totalement imprégnés de sa langue, sa culture, son histoire, ses idéaux, son humanisme, ses principes, ces valeurs essentielles qui constituent l'identité française.

Les Juifs ont, de façon considérable, participé et contribué, avec passion, au prestige et à la prospérité de la France, à son développement, aux progrès scientifique, économique, politique, social, artistique, philosophique, technologique et autres domaines civilisationnels.

La France peut s'enorgueillir des nombreux prix Nobel qui couronnèrent d'honorables savants juifs français, notamment René Cassin, prix Nobel de la Paix, rédacteur de la Déclaration universelle des droits de l'homme. Ses cendres reposent au Panthéon.

Juifs récemment élus à l'Académie française, après Joseph Kessel : Simone Veil (le numéro matricule de sa déportation a été gravé sur son épée d'académicienne) et Alain Finkielkraut (qui a fait graver la lettre aleph au pommeau de son épée).

Citations récentes de Chefs d'Etat :

« *Sans les Juifs, la France ne serait plus la France.* »
(Manuel Valls, chef du gouvernement français).
Formule reprise en écho par la Première Ministre britannique, Theresa May :
« *La Grande Bretagne sans les Juifs ne serait plus la Grande Bretagne.* »
« *Il y a chez les Juifs de France la volonté de promouvoir les valeurs de la République.* »
(Emmanuel Macron, élu président de la République en 2017).

Dominique de Villepin, parlant de l'organisation par Vichy, de la rafle du *Vel d'Hiv* :

« La France livrait à la détresse et à la cendre ceux qui étaient sa lumière. »

Les Juifs contribuent également au patrimoine culturel européen.

Notre identité juive, non reniée, est organisée autour de la famille, dans le strict respect de la Loi de la laïcité et des idéaux républicains de liberté et de justice.

Nous avons adopté les mœurs et le style de *vie à la française,* et contribué *au vivre ensemble,* en ayant préservé et perpétué, sans ostentation, nos valeurs familiales, nos traditions et nos pratiques religieuses, éthiques, humanistes et universalistes.
En citoyens Juifs-français responsables et en parfaite symbiose avec les valeurs profondes de la République française.

« Le peuple juif a toujours su s'assimiler avec une étonnante facilité, la langue, les arts, la science, la civilisation des nations avec lesquelles il se trouvait en contact. Mais son invincible énergie, son orgueil indomptable l'ont toujours préservé de se fondre et de s'absorber dans les autres peuples. »
(Ernest Renan, écrivain, philosophe, historien français)

Que s'est-il passé sur le plan personnel durant la décennie 2006 à 2016 ?

A la fin du siècle dernier, lorsque nous eûmes atteint l'âge légal de prendre la retraite, après de longues et honorables années *de bons et loyaux services*, mon épouse et moi-même cessâmes notre vie professionnelle.

Dina n'a pas eu une longue activité professionnelle ; elle a longtemps assuré, avec dévouement, son rôle de femme au foyer.

Pendant les premières années de notre vie de retraités, nous eûmes le privilège de contribuer à élever et à éduquer nos petits-enfants de la même façon qu'avec nos propres enfants qui, pris dans le tourbillon de la vie, furent soulagés et heureux de compter sur notre disponibilité. Nous fîmes tout ce qui était en notre pouvoir pour assurer leur bonheur et leur épanouissement. Notre regret : ne pas avoir eu la même opportunité de voir grandir nos petits-enfants, Michael et Nathalie, nés et élevés en Amérique.

Avec mon épouse Dina, la femme vaillante qui partage ma vie depuis soixante-deux ans, une véritable *yiddish mame*, débordante d'amour pour notre progéniture, nous réussîmes, sans fatuité, en l'espace d'une génération, une réelle *success story,* un parfait processus d'intégration en France, le Pays des Lumières et des Droits de l'homme.

J'ai réalisé mon rêve.

Ce résultat n'est pas le fruit du hasard.

De brillantes études, poussées sous ma vigilante autorité et mon soutien sans faille, permirent à mes enfants de devenir ce qu'ils sont, au-delà de mes espérances : un parcours scolaire, forgé par le talent, le travail acharné, la ténacité, qui a porté ses fruits.

Je n'ai personnellement pas eu la chance de pouvoir faire des études. Aussi ai-je essayé d'exercer mon influence sur les miens, pour leur bien. C'est ainsi que, par exemple, je les ai poussés à apprendre le latin, malgré leur résistance.
Parent responsable, sévère pour leur éducation, j'ai fait de mon mieux pour leur tracer la voie vers la réussite.

Ils me reprochent parfois d'avoir été un père très présent, très strict, très exigeant, très ceci, très cela. *Mea culpa* ! C'est vrai, je le confesse ; la rigueur était de mise.

Mais, n'exagérons pas, je ne les ai pas torturés, ils n'ont pas été des enfants-martyrs.

Ma sévérité ne les a pas empêchés de développer un tempérament bien trempé, une personnalité bien affirmée.

Aujourd'hui, je suis moins ferme, plus cool avec mes petits-enfants.

Les raisons du succès

A quoi est dû le succès des Juifs dans presque tous les domaines culturel, scientifique, artistiques, technologique, économique, médical et autres ?

Je ne prétends pas que leur structure cérébrale et mentale soit supérieure à celle des autres humains et les prédispose à mieux réussir. Rien de biologique.

Il est vrai qu'à coefficient intellectuel égal, ils surpassent souvent leurs compatriotes. Leur succès s'explique principalement par leur ardeur au travail et à leur volonté de prouver au monde qui, durant des siècles, les a obligés à raser les murs, exclus de la société et traités comme des sous-hommes, des *untermensch* des nazis, qu'ils ne sont pas des êtres inférieurs, mais des personnes de mérite.

. Mon aîné est ingénieur centralien, diplômé de *l'UCLA* (Université américaine de Los Angeles), titulaire d'un PhD (doctorat d'Etat). Il fait sa carrière chez Cisco et dans d'autres grandes sociétés dans la Silicon Valley, en Californie.

. Mon cadet est médecin ophtalmologiste.

. Ma fille est ingénieure diplômée du *Technion* (Ecole polytechnique israélienne). Artiste dans l'âme, elle exerce le métier de journaliste.

Quant à mes petits-enfants :

. Déborah est avocate.

. Yaël et Judith, après des études en sciences économiques, sont entrées dans la vie active.

. Michael est cadre dans une Société américaine de cybersécurité.

. Yovel, en fin d'études de marketing, sera bientôt à la recherche de son premier emploi.

. Nathalie est étudiante vétérinaire.

. Ilaï, diplômé de l'Ecole Polytechnique, poursuit des études aux Etats-Unis.

. David est étudiant en médecine.

Ma famille a largement contribué à la vie économique de notre pays.

Pendant près de quarante ans, employé de l'Etat français puis de l'Entreprise EDF, j'ai apporté ma modeste contribution au démarrage de l'informatique en France, dans les années 1960 à 1980.

Nous nous acquittons régulièrement de nos devoirs et de nos obligations. Produits d'une éducation à la démocratie, nous participons à toutes les élections et respectons les lois de la République française.

Citoyens sans histoire, imprégnés de culture française, aucun membre de ma famille n'a enfreint la loi, touché à l'alcool ou à la drogue, incendié des voitures, pillé des vitrines ou commis le moindre délit. Pas d'attentat ni le moindre braquage.
Ni vol, ni viol.

Nous ne haïssons pas la France.

La langue que nous parlons quotidiennement est le français, que nous maitrisons parfaitement.

Nous avons été nourris de littérature française : de Rabelais et Descartes aux auteurs classiques, de « Racine, Boileau, de La Fontaine, Molière », Balzac, Hugo et Zola, jusqu'aux écrivains contemporains.

J'ai appris à mes enfants et mes petits-enfants, dès leur plus jeune âge, à réciter par cœur et à haute voix, les fables de La Fontaine : *le Corbeau et le Renard, la Cigale et la Fourmi, le Loup et l'Agneau…*

Ils adoraient écouter avec émerveillement les contes de Perrault : *le Petit Poucet, le Chat Botté…*

Ils connaissaient nombre de chansons tirées du répertoire du compositeur Henri Dès qui s'adressait aux enfants. Je me souviens de : *Ne pleure pas Jeannette, Mon gros loup, mon p'tit loup…*

En concomitance, je leur racontais des histoires tirées de la Bible : *Adam et Eve, David et Goliath, Samson et Dalila, Salomon et la reine de Saba, Moïse et la sortie d'Egypte…*

Les Juifs ne font pas de prosélytisme et ne cherchent pas à imposer à la société leurs traditions et leurs croyances religieuses.

Mon parcours constitue un modèle-type d'intégration parfaite à la Nation française d'un fils d'immigrés juifs.

La réussite engendre malheureusement, de par le monde : ressentiment à l'égard des Juifs, jalousies, convoitises, aigreurs et rancœurs.

Chapitre III

Antisémitisme

Sombre destin que celui du peuple juif, peuple honni et méprisé, qui n'a jamais connu une période d'insouciance !

Les Juifs, citoyens français depuis des lustres, sont souvent considérés étrangers dans leur pays, toujours confrontés à la lèpre antisémite. Leur existence est sans cesse remise en question. Le Juif se sent toujours en exil, en paria.

Certains fantômes du passé se réveillent. L'antisémitisme s'est amplifié au cours des dernières années.

L'antisémitisme, ce vieux démon depuis longtemps ancré dans le psychisme chrétien, renaît de ses cendres et gangrène aujourd'hui les cerveaux du monde arabo-musulman.

Force est de constater que :
« *Le ventre reste fécond d'où a surgi la bête immonde.* »

(Bertolt Brecht)

« De tous les maux qui ont ravagé le 20ᵉ siècle, l'antisémitisme est le seul qui demeure incurable. »

(Hannah Arendt)

« Il faut bien l'admettre : Auschwitz n'a pas guéri la société de l'antisémitisme. »

(Elie Wiesel, Prix Nobel)

« L'antisémite avant Auschwitz était un assassin latent, après Auschwitz, il est un assassin manifeste. »

(Imre Kertész, Prix Nobel)

L'enseignement du mépris et la détestation obsessionnelle des Juifs ne datent pas d'hier, mais jamais l'antisémitisme traditionnel n'a été aussi hostile, haine pathologique qui frappe l'Europe et au-delà, que l'on doit principalement aux antisémites idéologiques, descendants des nazis et à certains imams, à l'islam radical, aux salafistes, aux djihadistes qui diffusent et déversent impunément leurs messages de haine viscérale et obsessionnelle sur la toile.

Cette haine démentielle développée contre les Juifs, qui fut prêchée pendant les années de cauchemar du nazisme, se propage à nouveau aussi bien en France que sur tout le continent européen et le reste du monde.

Des attentats et des meurtres se multiplient. Des exactions et agressions physiques d'une rare violence ; des profanations de synagogues et de cimetières sont fréquentes. Des vociférations de « *Mort aux Juifs* », des injures et autres ignominies, sont scandées impunément lors de manifestations pro-palestiniennes, qui plongent les Juifs dans le plus grand désarroi.

Le pire peut se reproduire. Je me fais des soucis pour ma famille. J'éprouve un fort sentiment d'inquiétude et de colère face au danger lié à cet antisémitisme obsessionnel qui resurgit malgré la découverte des pires atrocités de la Shoah. Auschwitz est oublié !
Never again, pensions-nous. Espoir vain.

L'opinion publique, *as usual*, reste passive, ne bronche pas, ne se mobilise pas face à la violence faite aux Juifs. Ces avanies que nous subissons n'empêchent personne de dormir.

Déjà, au pire moment de notre histoire, le monde se tut.
Il n'y eut pas de soulèvement populaire en France pour dénoncer la traque des Juifs par la police française, ni s'inquiéter du sort des quinze mille Juifs parqués, pendant plusieurs jours, au Vel

d'Hiv, l'antichambre de la mort, sans eau, sans soins et sans nourriture. Convoyés jusqu'à Auschwitz, issue fatale, ils ont péri dans les chambres à gaz où un million cinq cent mille enfants et bébés furent assassinés. Parce que Juifs.

L'immense majorité du peuple allemand, la nation que l'on disait la plus civilisée d'Europe, consentit au génocide des Juifs.

Le pape Pie XII indifférent savait et ne dit rien. Silence complice, coupable.

Les Alliés savaient et n'ont rien fait. Les dirigeants de la Croix rouge internationale, « organisation humanitaire », qui entretenaient des relations sulfureuses avec les nazis et qui savaient ce qui se passait dans les camps de concentration, se gardèrent d'intervenir.

Après la guerre, la Croix rouge et l'Eglise catholique organisèrent la fuite des criminels de guerre nazis, notamment les monstres qui ont sévi dans les camps, et les aidèrent à échapper à la Justice hors d'Europe (*Opération Odessa*).

En 1945 j'étais à Dachau, ce camp du génocide programmé.

Il réveille en moi l'odeur de la mort, la puanteur qui me saisit à l'entrée des baraquements de ce camp de concentration, qu'avec les GI américains nous libérâmes en novembre 1945. La vision dantesque de ces zombies, squelettes-vivants aux yeux hagards, m'a marqué à vie. Il me hante toujours.

Les cicatrices à peine refermées se sont vivement rouvertes.

J'ai encore la mémoire à vif, la sensibilité à fleur de peau.

Les images cauchemardesques du passé me poursuivent.

Le désir de tourner la page de cette période d'horreurs sans nom, s'évanouit.

La France, ma mère-patrie, le pays tant aimé, qui m'a vu naître, où j'ai pris racine, pour lequel je me suis battu, où sont nés et où ont grandi mes enfants et mes petits-enfants, va-t-elle me renier comme au temps des années sombres du régime infâme de Laval et de Pétain, où la majorité des Français se vautraient dans la Collaboration et souscrivaient à la délation et à l'inconcevable traque des Juifs ?

Je rappelle que :

Mon père, bien que père de quatre enfants, fut mobilisé en 1939 et envoyé au front, sur la

Ligne Mareth, entre la Lybie et la Tunisie, face à l'armée italienne.

J'ai moi-même combattu la vermine nazie en 1944-1945 dans les rangs de la Première Armée française : débarqué en Provence, l'ai participé aux campagnes de France et de Rhin et Danube. J'ai affronté la mort au combat.
Ensuite, ce fut l'occupation en Autriche, avant d'être rendu à la vie civile.

Puis, rappelé au titre du maintien de l'ordre en Tunisie, je fus enrôlé, pour trois périodes de 21 jours, dont une dans la gendarmerie de Kairouan. Je patrouillais en jeep dans le djebel sud-tunisien à la recherche des *Fellaghas*. J'ai échappé à l'explosion d'une grenade lancée par un de ces terroristes, dans la cour de la gendarmerie où je me trouvais.

Mes deux garçons ont accompli leurs obligations militaires, dix-huit mois de leur vie.

Tous les quatre, nous avons porté l'uniforme de l'armée française, au service de la République française.
Je pense que nous avons droit à la reconnaissance de la Nation ?

Je viens de terminer la lecture du livre bouleversant de Valérie Zenatti, intitulé *Jacob, Jacob*, qui retrace les années de guerre de son oncle Albert, qui a peut-être été ce camarade de combat, tombé en opération à mes côtés, en Alsace, pour la libération de la France.

Mon unité combattante comprenait plusieurs jeunes Juifs originaires de Constantine : Aouizerat, Atlan, Elbaz, Gozlan, Halimi, Malka, Melki, Nakache.

Privés de la nationalité française par le gouvernement de Vichy, les Juifs sont redevenus citoyens français par Décret du Général de Gaulle, en dépit de l'opposition du Général Giraud, fervent admirateur de Pétain.

Ils ont immédiatement été appelés sous les drapeaux et ont participé glorieusement à la Libération de la France.

Nous étions encore adolescents, 18 ans d'âge, *le plus bel âge de la vie*.

Nous avons passé ce *joyeux temps de la jeunesse et de l'insouciance* dans l'enfer des combats.

La haine islamo-gauchiste

Une certaine gauche, sectaire, cherche en permanence à expliquer avec complaisance, les actes de violence et de délinquance, le terrorisme et le djihadisme, les attentats perpétrés par les jeunes des minorités ethniques.

Les islamo-gauchistes justifient ces actes barbares par leur mal-être, leurs conditions sociales et économiques, l'inégalité des chances.

Pauvres victimes opprimées qui rendent les Juifs responsables de leurs propres malheurs.

Dans leur inconscient, les Juifs ont ce qu'ils n'ont pas.
A qui la faute ?

L'idéologie islamiste gangrène les peuples d'Europe et le monde arabe. On assiste au retour des guerres de religion (et/ou de civilisation), aux attentats, au fanatisme qui tente par la violence d'instaurer la *charia* dans le monde, obligeant les non-Musulmans à s'y soumettre ou mourir.

J'évoquerais les attentats du World Trade Center, le 11 septembre 2001, à New York (3000 morts), contre le journal *Charlie Hebdo* (Wolinski, dessinateur assassiné dans la tuerie de Charlie Hebdo avait prophétisé : *« le pire a de l'avenir »*), l'épicerie *Hyper Cacher* de Vincennes en France, en janvier 2015 (parmi les victimes juives de cet attentat, un ami proche, Michel Saada) ; contre le Bataclan à Paris XIe et le Stade de France, le 13 novembre 2015, qui ont fait 130 victimes ; à Nice, au soir du 14 juillet 2016, 85 personnes assassinées sur la Promenade des Anglais.

Sont responsables des nombreuses et cruelles atrocités commises de par le monde, au nom de *Allahu Akbar* : le Hamas palestinien, le Hezbollah libanais, les pasdarans iraniens, le Jihad islamique, Al-Qaïda (leur chef Ben Laden fut tué le 2 mai 2011 par un commando américain), le Daesh, l'EI (Etat islamique), Boko Haram au Nigéria, Al-Nosra en Syrie, les chebabs en Somalie, les talibans en Afghanistan et d'autres groupes de même acabit.

Tous les Musulmans ne sont pas des terroristes, mais tous les terroristes, de vraies bêtes humaines qui commettent les attentats les plus sanglants et les décapitations au cri de *Allahu Akbar*, sont des Musulmans qui se réclament du Coran quand ils commettent leurs forfaits. Les

Musulmans devraient nous expliquer ce qu'est le véritable islam.

Disant ainsi la vérité, je ne suis pas dans le politiquement correct. Je vais être qualifié d'islamophobe.

Le Sionisme

« Le Sionisme, c'est le peuple juif en marche. »
(Binyamin Zeev Herzl au Premier Congrès sioniste en 1897)

Le sionisme est le mouvement national juif de la renaissance et du renouveau de la Terre d'Israël, le berceau historique du peuple juif.

Pendant les siècles d'exil du peuple juif, dispersé parmi les nations, l'aspiration du **« retour à Sion »**, terme biblique utilisé à la fois pour la Terre d'Israël et Jérusalem, a été la clef de voûte de la vie juive et se trouve au cœur de la prière juive, du rituel juif, de la littérature juive et de la culture juive.

Les Juifs n'ont jamais renoncé au rêve du retour en *Eretz Israël*.

Le sionisme est donc l'expression du droit du peuple juif, comme celui de tout peuple, à vivre sur sa terre ancestrale.

Ses racines sont la liberté, la démocratie, l'égalité et la justice sociale.

Le sionisme est fondamentalement opposé au racisme. »

Israël représente ce qu'il y a de meilleur dans une démocratie.

L'Antisionisme

L'antisionisme est la forme mutante de l'antisémitisme. Il sert d'alibi, de paravent, aux antisémites qui dissimulent leur antisémitisme dans le langage de l'antisionisme.

« L'antisionisme est bien devenu la forme renouvelée de l'antisémitisme. »
(Emmanuel Macron, Président de la République)

« L'antisionisme n'est pas la critique politique d'Israël. C'est de l'antisémitisme, l'expression d'une volonté de refuser aux Juifs un Etat. » (Johanne Gurfinkiel)

Ennemis du peuple juif, les antisé-
mites/antisionistes manifestent une hostilité
systématique à l'égard de l'Etat d'Israël. Ils nient
l'existence d'un Etat juif et le retour du peuple juif
à sa terre d'origine. Ils veulent le détruire
Critiquant la politique israélienne, gauche et
droite confondues sont indifférentes aux victimes
juives. Ils instrumentalisent la cause palestinienne.

Ces bien-pensants dénient au peuple d'Israël
le droit légitime de se défendre. Ils ne dénoncent
pas les atrocités, les actes meurtriers et lâches des
Palestiniens.
L'antisémitisme multirécidiviste s'exprime à
la fois de l'extrême-gauche et de l'extrême-droite.

A l'extrême droite

Par cécité idéologique et ressentiment du
passé colonialiste qui leur donne mauvaise
conscience, les partis d'extrême-droite, antisio-
nistes, révisionnistes, négationnistes, nostalgiques
du nazisme sont obnubilés par leur haine atavique
et obsessionnelle des Juifs.
Ils refusent de reconnaître le véritable
ennemi antioccidental qui est l'islamisme morbide,
meurtrier, raciste, antisémite, nazi.

A l'extrême gauche

Les gauchistes fourvoyés, en mal de repères, substituent la cause palestinienne à la défense du prolétariat.

Nos belles âmes du mouvement d'extrême-gauche, ces *indignés post-marxistes-trotskystes-castristes-maoïstes-néo-soixante-huitards-attardés-faux-humanistes violemment antisémites,* aveuglés par leur idéologie, font l'apologie de la cause palestinienne et du terrorisme barbare contre les Juifs.
Des universitaires, des ONG, des syndicats complaisants, certaines églises libérales, de concert avec les partis antisémites-antisionistes, prennent fait et cause pour les fondamentalistes palestiniens, enfants chéris de la gauche.
Ils mènent une campagne de dénigrement systématique du sionisme.

Les médias

La plupart des médias, manipulateurs de l'opinion publique, positionnés politiquement à gauche, font de la désinformation.

La presse dite d'information est une presse militante qui donne une image négative d'Israël, défend unilatéralement la cause palestinienne, est toujours prête à se déchaîner, à critiquer la politique israélienne et à falsifier les faits

En complaisance avec leur antisémitisme exacerbé, ils diffusent la propagande arabe anti-israélienne, des *fake news*.

« *Un mensonge répété souvent devient vérité.* »

(Josef Goebbels)

En Israël on appelle ironiquement l'AFP « *l'Agence France-Palestine* », qui ne rate pas l'occasion de déverser son fiel sur l'Etat hébreu.

Les réseaux sociaux sont utilisés pour propager la haine.

Malheureusement, une petite frange de militants juifs des organisations d'extrême gauche, y compris de la gauche radicale israélienne, aveuglés par la haine de soi et ayant complètement renoncé à leur identité juive, ces renégats, idéologues du type soviétique, se sont clairement rangés du côté palestinien, sapant les bases sionistes de l'Etat d'Israël et son caractère juif.

Je ne peux pas m'empêcher de comparer deux personnalités séfarades, Albert Cohen, écrivain que j'admire, né à Corfou, très engagé pour la cause juive et le sionisme, à Edgar Morin (de son vrai nom Edgar Nahoum), Juif égaré, sociologue, originaire de Salonique, ennemi juré du sionisme et de l'Etat d'Israël.

Chapitre IV

Les réfugiés juifs et palestiniens

Pour tous les autres peuples de la terre, le statut de réfugié concerne les personnes qui ont été déplacés, de force ou par exode, *et uniquement ces personnes-là. Pas leurs enfants ni leur descendance.* Les Palestiniens nés à Gaza, en Cisjordanie, en Jordanie, au Liban ou en Syrie après 1948, ne peuvent pas être considérés comme des réfugiés. Seule cette exception illégitime en faveur des Palestiniens permet cette situation injuste comparée à tous les autres réfugiés de la terre.

L'*UNWRA* fut créée par l'ONU en 1949, **pour résoudre spécialement le problème des réfugiés palestiniens.**

Avec l'argent de cette organisation, financée par les gouvernements européens, on inculque aux enfants, dans les écoles palestiniennes, dès leur plus jeune âge, la haine, le lancer de pierres et le culte des 'martyrs' assassins.

Tandis qu'en Israël, on éduque les enfants pour la paix, les Palestiniens propagent le culte de la mort.

L'UNWRA devait être temporaire, mais est prolongée d'année en année, les Etats arabes refusant de fermer les camps de réfugiés et d'intégrer leurs frères musulmans. Ils maintiennent cet abcès ouvert pour faire pression sur Israël.

Les 900000 Juifs expulsés, sans compensation, des pays arabes où ils habitèrent avant 1948, ne bénéficièrent pas de la manne financière de l'UNWRA.

Les réfugiés juifs qui firent, comme mes parents, leur *alyah,* leur montée en Terre sainte, furent installés, à leur arrivée en Israël, dans une zone désertique et logés dans des *maavaroth,* centres d'accueil de transit, sous des tentes ou des baraques en bois ou en tôle ondulée, où les conditions de vie étaient extrêmement pénibles.

Progressivement les réfugiés juifs se sont, grâce à l'aide de l'Etat d'Israël, berceau historique du peuple juif, et au soutien financier du monde juif, intégrés dans le pays d'accueil.

Les Français juifs face au terrorisme

La tournure que prennent les événements en Europe, et particulièrement en France, en la tragique année 2015-2016, avec la recrudescence des actes de barbarie meurtriers commis par des militants islamistes :

La mort d'Ilan Halimi, torturé et assassiné par le "gang des barbares",

La tuerie des enfants de l'Ecole Ozar Hatorah à Toulouse,

Les actes antisémites de Sarcelles, de Créteil,

Le massacre de l'Hyper Cacher à Vincennes,

L'attentat du Bataclan – visé parce que les terroristes pensaient que le patron de l'établissement était juif - ou encore d'autres attentats antisémites, confortent la décision de nombreux Juifs désemparés de s'expatrier, d'aller vivre ailleurs, notamment en Terre sainte, malgré le conflit de l'Etat d'Israël avec ses pays voisins et les menaces d'attentats terroristes perpétrés contre les civils.

Depuis dix ans, les Juifs en France vivent dans la tourmente.

La peur au ventre, les citoyens français désemparés ne se sentent plus protégés. Face à l'idéologie de haine antijuive déferlante, le gouvernement ne peut pas leur garantir la sécurité.

Soucieuse de préserver les bonnes relations avec les pays arabes, ennemis jurés du peuple juif, la France est prête à sacrifier Israël sur l'autel du pétrole, du commerce des armes et d'autres juteux contrats commerciaux

Et aussi par clientélisme électoral.

« *Les gouvernements par définition n'ont pas de conscience.* » (Albert Camus)

Aujourd'hui la *alyah* (l'ascension en Israël) devient inéluctable. Israël est la patrie historique du peuple juif, un pays avancé et démocratique. *Un lien émotionnel nous lie à cet Etat, Eretz Israël,* nation protectrice des Juifs du monde, qui est maintenant un espace où, débarrassés de leur exil, ils peuvent se réfugier.

Si la perfide Albion avait permis la création du foyer national juif en Palestine comme elle s'y était engagée, les six millions de victimes de la vermine nazie auraient survécu à la tourmente.

Chapitre V

L'heure est aux interrogations

Des milliers de Juifs français, se sentant en insécurité, en état de grande anxiété, ont décidé, devant un avenir incertain, de quitter la « douce France » et de s'installer dans l'Etat Juif, le pays de leurs ancêtres.

Rappelons les mots de Billy Wilder s'exilant aux États-Unis : « *Les juifs optimistes ont fini à Auschwitz, les pessimistes à Hollywood.* »

C'est, après avoir évalué le pour et le contre, la voie suivie par mes adorables petites-filles.

J'ai transmis à ma progéniture, dès leur plus jeune âge, l'idéal sioniste et ma passion pour l'Etat d'Israël qui ne s'est pas émoussée avec le temps. Des circonstances désastreuses, relatées dans *Une Saga séfarade*, ne m'ont pas permis de réaliser mon *alyah*, le retour tant espéré, depuis des générations, en Palestine, le pays de mes ancêtres et de participer à la renaissance de cet Etat démocratique exemplaire auquel je suis viscéralement attaché. J'ai dû y renoncer à contrecœur.

Je ne fus donc nullement surpris que mes chères petites-filles, se sentant mal à l'aise dans le pays aimé où elles virent le jour mais qu'elles garderont toujours dans leur cœur, décidèrent de s'installer en Israël, pour y vivre avec leur petite famille une vie juive.

Quitter une culture, son pays, Paris - la ville où elles sont nées et à laquelle elles sont fortement attachées - ses parents, ses amis, son mode d'existence, provoque un déchirement, un vrai crève-cœur. Nous revivons l'angoisse qui nous avait étreints au départ de ne notre fille Sarah qui interrompit ses brillantes études d'ingénieur à l'Ecole Polytechnique Féminine pour s'exiler et poursuivre ses études en Israël.

Nous sommes tiraillés entre deux sentiments au sujet de leur devenir : l'inquiétude du risque qui les attend dans un pays en état de guerre permanente et la joie de les savoir libres, à l'abri des agressions et des turpitudes du monde antisémite qui nous entoure.

« *En Israël aussi, il y a beaucoup d'insécurité mais elle n'est pas du même ordre. Là-bas, les juifs se sentent appartenir à une société qui subit le même sort. En France, les forces armées patrouillent devant les écoles juives, pas devant les autres.* » (Gideon Koutz)

Je leur souhaite une parfaite intégration au pays de leur choix, où ne ruisselle pas encore le lait et le miel, selon la promesse biblique, mais est en admirable croissance.

Nous vivons avec l'espoir d'une paix proche et permanente entre Israël et le monde arabe.

Le mythe de la double allégeance

« *L'accusation de double allégeance, portée contre les Juifs, est un des mythes antisémites des plus répandus et des plus tenaces depuis l'indépendance de l'État d'Israël en 1948.* » (Éric Hazan – © Le Monde Juif.info)

Je récuse toute allégeance envers un pays tiers.

De tout temps, les Juifs ont respecté le principe selon lequel : « *la loi du pays est la loi* » ; ils sont fidèles à l'État dont ils sont ressortissants. A chaque office du samedi matin, les Juifs récitent à la synagogue les prières traditionnelles pour la République française et ses gouvernants.

Cela n'exclut pas des liens affectifs entre les Juifs de Diaspora et l'Etat d'Israël. L'Etat juif m'est d'autant plus cher qu'une grande partie de ma famille s'y est réfugiée.

Charles Aznavour a des attaches avec l'Arménie, Sylvie Vartan avec la Bulgarie, Michel Piccoli et Michel Platini avec l'Italie, Jean Reno, Anne Hidalgo, Manuel Valls avec l'Espagne, Johnny Halliday avec la Belgique, etc. Ils sont français, chrétiens et sentimentalement attachés à leur pays d'origine. Ils ne sont pas pour autant considérés comme inféodés à ces pays.

Je me sens pleinement français et pleinement juif.

Je suis loyal à la France et j'aime Israël, la terre de mes ancêtres.

Joies et tristesses

Ces dix dernières années, nous connûmes des joies et subîmes des épreuves douloureuses. Les vicissitudes de la vie !

Nous avons vécu des années merveilleuses, entourés d'une famille formidable, soudée, fraternelle, fusionnelle, débordante de tendresse et

50

d'amour, constamment dans la joie et la bonne humeur.

Mon souhait : qu'ils soient toujours là, l'un pour l'autre.

De joyeux événements jalonnèrent notre vie : les mariages, les naissances, les croissances, les *bar-mitzvot* des garçons et les *bat-mitzvot* des filles, les crises d'adolescence, les études, les petits chagrins, les chamailleries, les idylles et les grandes histoires d'amour, des réjouissances familiales qui nous comblèrent de bonheur et firent couler nos larmes de joie.

Mais, tout n'étant pas rose dans la vie, nous versâmes aussi des larmes de tristesse lors des éloignements, des séparations familiales lourdes à supporter ou des épreuves plus douloureuses telles les disparitions prématurées des êtres chers qui nous ont quittés : parents, frère, sœur, amis proches.

Ma sœur Anna est décédée le 1er juin 2012. Elle n'a pas eu de progéniture.

Mon frère Michel l'a suivie et a disparu trois mois après, laissant quatre enfants, onze petits-enfants et deux arrière-petits-enfants. Trois générations nées en Israël.

On compare l'enfant natif de l'Etat hébreu à un *sabra* (figue de barbarie), qui se caractérise par sa peau rugueuse à l'extérieur et sa douceur à l'intérieur.

La séparation

J'ai, à mon grand dam, pris conscience que mon désir, mon souhait profond de toujours vivre ensemble, mon petit monde groupé autour du papy-patriarche, était chimérique.

L'âge venu, les enfants quittent normalement le giron familial. L'un après l'autre, ils s'échappent, s'émancipent, larguent les amarres, prennent leurs distances pour suivre leurs voies et profiter de la vie.

Leur absence a causé une pénible solitude dans notre vie. Ils nous manquent immensément. J'ai consacré tant de merveilleux moments à les dorloter, jouer, chanter, danser et rire avec eux !
Je garde encore des relations très privilégiées et très complices avec mes petits-enfants ; une vraie connivence !

Ils sont au cœur de nos pensées.

Chapitre VI

Le changement de notre mode de vie

2006-2016 furent des années de grand chamboulement.

Le monde est en train de changer en profondeur et nous évoluons, non sans mal, au rythme accéléré que la vie nous impose.

Mes enfants et petits-enfants ont un goût prononcé pour la technologie. Ils ont une culture *geek*.

Pour ne pas me sentir trop décalé par rapport aux jeunes, voulant être à la page, moderne, je me suis connecté aux réseaux sociaux et rapidement familiarisé avec la nouvelle nomenclature du Web : *SMS, email, Internet, Facebook, Duo, Twitter, Hashtag#, Instagram, etc.*

Mes enfants m'ont offert : un *PC, un iPhone* (téléphone portable servant aussi de caméra) et un *iPad* (une tablette*),* qui me permettent de communiquer avec mes êtres chers.

Aujourd'hui je peux envoyer et recevoir des photos, des *textos* ou *SMS*, voir et converser avec mes proches en direct sur l'écran de l'iPad. Moments de pur bonheur que je partage aussi avec mes adorables arrière-petits-enfants, nouveaux entrés dans le cercle familial, via *Duo, Skype ou FaceTime.*

Le revers de la médaille est qu'on ne communique plus par la parole, le langage parlé ; on s'exprime plutôt *on line.*

Mon Parcours professionnel

Au temps de mon activité professionnelle, j'avais plusieurs fois changé d'emplois et d'entreprises :
. Comptable au Ministère des Travaux publics,
. Chef du Service 'Portefeuille' à la SFAB (Société franco-américaine de banque, à Tunis),
. Rédacteur principal puis Chef de bureau à la Caisse de Retraites des services eau gaz électricité de Tunisie,
. Chef de section comptabilité à GDF (Compagnie du gaz de France).

Attiré par l'informatique, je n'ai pas hésité à quitter mon poste de Chef de section de comptabilité, bien qu'étant assuré d'une promotion interne, pour me lancer dans cette aventure.

C'était en 1960. J'étais en avance sur mon époque. Je n'ai pas eu à le regretter. Ma mobilité professionnelle m'a permis de m'épanouir dans ma carrière et d'améliorer mon train de vie.

La technologie

Le monde a beaucoup changé. Il est en constante et rapide évolution, dans tous les domaines. Nous vivons dans l'ère de la révolution technologique, de l'Internet, de l'intelligence artificielle, de la réalité virtuelle et de la montée en puissance des technologies de la communication. La prolifération des téléphones portables équipés d'appareils photo, des tablettes, des ordinateurs de poche, nous permettent de joindre n'importe quel contact dans le monde, en temps réel.

On ne freine pas le progrès et les prouesses technologiques.
Les ordinateurs parviennent à solutionner des problèmes, dans de nombreux domaines très pointus, impossibles à résoudre par les humains.

Des drones, des robots les supplantent déjà. Echapperont-ils un jour au contrôle humain et seront-ils dotés de conscience et du pouvoir de création ? Ou de pouvoir de nuisance à l'image du *Golem* qui attaqua son créateur ?

Jusqu'où irons-nous ?

Lors du lancement de l'informatisation des applications de gestion à EDF-GDF, les mécanographes qui usaient de cartes perforées et les employés aux écritures qui remplissaient leurs tâches routinières à la plume, ont vu débarquer, avec crainte, ces fossoyeurs venus, pensaient-ils, supprimer leurs emplois. Nous n'avons pas été accueillis avec ferveur.

Les anciens, se sentant menacés, nous distillaient avec résistance les données qu'il nous fallait pour nous permettre d'établir de nouveaux cahiers des charges et de concevoir les traitements des nouvelles tâches sur ordinateur.

Il est vrai que l'informatique a eu un impact sur l'emploi dans ces deux établissements. Elle a entraîné la suppression de plusieurs postes, devenus obsolètes. Des métiers nouveaux sont apparus.

Pour certains jeunes, en capacité de s'adapter au nouveau système, la reconversion professionnelle a été possible et bénéfique. Pour d'autres, humainement frustrés, elle a été plus douloureuse. Un rond-de-cuir, ayant plusieurs années d'expérience et de compétence dans son métier et dont les spécialités sont devenues caduques, ne peut, sans transition, se changer en ingénieur ; il est hors-jeu.

« Science sans conscience n'est que ruine de l'âme. »
(Rabelais)

Il faut mettre la technologie au service de l'humain.
L'intelligence artificielle peut être aussi un moyen de domination.

« Avec ces avancées nous pourrons fabriquer notre paradis comme notre enfer. »
(Yuval Noah Harari, professeur d'histoire à l'Université hébraïque de Jérusalem)

« La course à la supériorité en intelligence artificielle des Etats pourrait être à l'origine de la troisième guerre mondiale. »
(Yann le Cun, maître de l'IA au collège de France)

Les jeux intellectuels

Pour lutter contre le vieillissement cérébral et faire travailler nos neurones, Dina et moi consacrons beaucoup de notre temps à remplir les grilles des mots croisés, ou à cliquer sur la souris de l'ordinateur.

Je consulte, sélectionne et diffuse, chaque jour, en ligne, les articles et vidéos reçus de mes contacts et des articles de journaux qui me paraissent importants, piochés dans les différents sites auxquels je suis abonné.

Je consigne ponctuellement sur mes calepins mes notes qui constituent mon « journal de bord ».

La lecture

J'ai beaucoup lu. Je dévorais les livres avec passion. J'écumais les bibliothèques, spécialement la Bibliothèque nationale située au Souk-el-Attarine, à Tunis.

En dehors des classiques français, je lisais, dans le désordre : les livres célèbres de mes auteurs favoris de la littérature américaine

(William Faulkner, John Steinbeck, Ernest Hemingway …), britannique (Mark Twain, Jack London, Charles Dickens…), russe (Fedor Dostoïevski, Anton Tchekhov, Alexandre Pouchkine…), germanique (Stephan Zweig, Heinrich Heine, Thomas Mann…), avec une prédilection pour les excellents auteurs américains de polars (James Hadley Chase, Dashiell Hammett, Raymond Chandler…).

J'étais également féru de biographies historiques.

Je lisais tout le temps, un livre par jour, pour le plaisir et aussi pour apprendre et combler mon manque de culture. J'étais avide de savoir.

Mais, malgré les connaissances que j'ai pu acquérir au fil des ans, « *je sais, je sais qu'on ne sait jamais* ». (Jean Gabin)

On n'a jamais fini d'apprendre.

Paradoxalement, depuis *ma mise en inactivité*, je ne trouve pas le temps de lire, à part des magazines.

Mes rayonnages sont aujourd'hui chargés de piles de livres que je n'ai pas lus. J'avais acheté, dès leur parution, des dizaines d'ouvrages, croyant naïvement qu'au temps de ma retraite j'allais pouvoir les lire, les faire lire et les léguer à mes enfants.

A ma grande déception, les jeunes ne sont pas très passionnés de lecture. Ils ne consultent jamais ces ouvrages.

J'emporterai avec moi tout ce que j'ai appris.

Le cinéma

Avant je hantais les salles obscures, j'étais passionné de cinéma américain. Mes idoles Mickey Rooney et Shirley Temple, très jeunes acteurs, ont fait rêver ma jeunesse.
J'ai été follement amoureux des stars telles Liz Taylor et Lauren Bacall.

Ces vedettes préférées sont décédées au cours de cette décade.

Nous regardons à la télévision, jusqu'à tard dans la nuit, la rediffusion des vieux films que nous avons tant aimés.

Le théâtre

J'ai tenté de transmettre à mes enfants mon amour du théâtre. Lorsque j'étais jeune, j'assistais régulièrement, au Théâtre Municipal, à Tunis, à des pièces d'Eugène Labiche et de Georges Courteline. Les rôles étaient tenus par les jeunes comédiens de *l'Essor*, une troupe d'acteurs amateurs.
Je ne manquais aucune représentation.

Depuis notre installation en France, nous sommes allés rarement au théâtre.

La musique

La musique est toujours présente à la maison.
J'écoute avec jouissance la musique classique, ma musique préférée.

Je m'étais constitué une belle collection de CD d'œuvres enregistrées par de grands compositeurs internationaux, d'Albinoni à Kurt Weil, dirigées par de grands chefs d'orchestres : Yehudi Menuhin, Daniel Barenboïm, Herbert Von Karajan… interprétées par de brillants exécutants : violonistes (Yehudi Menuhin, Isaac Stern, Isaac Perlman…), pianistes (Arthur

Rubinstein, Vladimir Horowitz, Glenn Gould, Daniel Barenboïm…), violoncelliste (Mstislav Rostropovitch…).

Je n'écoute pas que la musique symphonique ou les airs d'opéra ; j'adore aussi le *jazz* et *le blues*, complainte du folklore noir américain, interprétés par : Louis Armstrong, Ray Charles, Jimmy Hendrix, Chuck Berry et d'autres.

Je raffole des comédies musicales de type *West Side Story, Cats.*

Mes enfants et petits-enfants ont tous la fibre musicale.
Chacun a appris à jouer d'un instrument de musique :
Le piano : Sarah, artiste accomplie, premier accessit au Conservatoire de Paris, et Yaël et Judith,
Le violon : David, un petit virtuose,
La harpe : Déborah,
La guitare : Marco et Daniel qui fait partie d'une chorale,
Le saxophone : Ilaï
Yovel est apprenti DJ et animateur.

A l'exception d'Ilaï, ils arrêtèrent de jouer de leur instrument lorsqu'ils furent en classe de terminale au lycée.

Pour le même motif, ils délaissèrent la pratique des sports.

La photographie

La photographie fut mon premier métier. Sans prétention, je crois avoir un certain talent pour l'art de la photographie.
Mon domaine de prédilection : les portraits, comme élément principal et en arrière-plan, les beaux paysages, filmés aux cours de nos voyages.

Mes enfants ont été les plus filmés au monde.
Je montre avec fierté, à mes visiteurs admiratifs, mes nombreux albums-photos et les pêle-mêle accrochés aux murs de mon salon.

Aujourd'hui, on photographie à tout va avec son *Smartphone*. On crée des vidéos, on retouche les prises de vue, on les stocke dans la mémoire de l'appareil, on les partage avec des amis via *Facebook* ou *email*. Il est rare qu'on les imprime et donne à voir les tirages sur papier. Je le regrette.

La vie sociale

J'étais très investi dans la vie sociale. Je suis aujourd'hui moins actif, confiné à la maison. Mais il est difficile de ne rien faire.

Je reste le militant passionné, animé du feu sacré, homme juif debout, digne et fier, militant engagé de la cause sioniste et, en même temps, patriote républicain.

Je porte haut et fort les valeurs du judaïsme et du vaillant Etat d'Israël.

J'interviens *on line,* auprès des médias antisémites-antisionistes pour leur manifester mon écœurement, à la lecture des articles biaisés qui travestissent la vérité, dénigrent et diabolisent l'Etat juif. Des *fake news.* A vomir !

Le samedi est notre jour de sortie.

Nous nous rendons à notre synagogue, *Ahavat Itshak,* où siège l'ACCIV, Association

Cultuelle de la Communauté Israélite de Vanves, dont je suis un des fondateurs (en 1977).

J'y ai assumé les fonctions de Secrétaire et de Vice-président, responsable des affaires culturelles et, pendant une longue période, la charge de Vérificateur des comptes de l'association.

L'ACCIV continue à se développer, à la faveur du dévouement et du dynamisme des administrateurs qui ont succédé aux anciens, sous la conduite spirituelle des divers rabbins qui ont assuré les offices dans notre synagogue.

Je veux rappeler ici la mémoire du regretté premier Président de l'Association, Ange Halimi *Z.L.* (de mémoire bénie) et de notre ami Etienne Raczymow *Z.L.*, résistant, fils de déportés, qui n'a eu de cesse d'œuvrer pour mener à bien le projet, que j'ai activement soutenu, d'installer à Vanves, au Carrefour de l'Insurrection, une stèle en hommage aux victimes de la Shoah et à tous les déportés résistants de Vanves-Malakoff.

Le projet de jumelage de Vanves avec une ville israélienne, inscrit dans les statuts de l'ACCIV, a abouti. Vanves est jumelé avec Roch HaAyin, grâce à la bienveillante sollicitude de notre maire,

Bernard Gauducheau, toujours à notre écoute et mené à terme par la présidente Dolly Touitou.

Nous sommes heureux et fiers de compter parmi nos membres M. Victor Sasportas, artiste-peintre récipiendaire de plusieurs prix dans de nombreux salons d'exposition. V. Sasportas a rénové notre synagogue. Les emménagements et les décorations intérieures sont de style très contemporain. Une superbe œuvre d'art ! M. Sasportas m'adresse régulièrement ses cartes de vœux de nouvel an, cartons décorés d'une de ses toiles représentant de façon figurative la foule de fidèles priant devant le *Kotel Hamaravi*, mur occidental du Temple, mal traduit par Mur des lamentations.

Me revient en mémoire, avec mélancolie, la magnifique synagogue de la *Hara* de Tunis, où je me rendais avec mon père Z.L. dans mon enfance. On y accédait en descendant quelques marches d'escalier.

J'ai gardé un souvenir très vif de la cérémonie joyeuse de la *hiloula*, la commémoration du Rabbi Chimon Bar Yohaï, célèbre talmudiste, auteur du *Zohar, le Livre de la Splendeur*, partie de la Kabale. Cette fête, de tradition judéo-orientale, était ponctuée de chants, de musique, au son du luth, de la *darbouka* (tambour arabe) et des youyous des femmes.

J'étais ébloui par les lumières de bougies allumées par centaines, par les fidèles.

Enfant, j'apportais avec fierté ma contribution à la décoration du Temple, avec des guirlandes, que je confectionnais en chaînes avec des rondelles de papier multicolore, que je collais, comme de coutume, en utilisant de la farine mouillée.

Trêve de nostalgie, revenons au présent !

Chapitre VII

La vieillesse et la santé

Les gens et nos propres enfants ne nous voient pas vieillir. Sans doute parce que nous sommes restés minces, nos fronts sont dénués de rides sans recours au botox, ni au bistouri ou à un quelconque élixir de jouvence. Malgré notre grand âge, nous avons l'air juvénile et presque toutes nos dents. On nous demande souvent le secret de notre éternelle jeunesse, de notre vitalité, de notre bonne forme apparente.

C'est notre désir de paraître jeunes et notre constante bonne humeur, malgré les vicissitudes de la vie.

Nous avons gardé nos facultés intellectuelles. Même si notre mémoire immédiate nous échappe un peu, notre cerveau fonctionne et notre curiosité et notre bonne humeur restent intactes.

Toutefois, derrière l'apparence, on ne peut pas dire que l'on voit la vie en rose. Ce n'est pas toujours la joie !

On n'échappe pas aux outrages du temps qui fait son œuvre.

C'est le moment où Dina et moi devons soigner les *bobos* qui, irrémédiablement, nous rongent, épuisent et bouleversent notre vie.

La longévité progresse et nous en payons le prix !

J'avais une santé de fer. J'étais fort comme un Turc. Depuis mon opération du cancer colorectal, suivie d'une péritonite, ma santé décline. Je me sens fragilisé, vulnérable. Je manque de tonus. Je n'ai plus ni bon pied, ni bon œil. Je suis moins mobile, moins dynamique que je ne fus.

J'ai, par moments, la mémoire qui s'effrite.

J'avais réponse à tout, spontanée. Actuellement, exacerbé par mon souci d'employer toujours le terme juste, sans faute de français, je bute sur les mots. Les mots ne sortent pas et rendent mon élocution parfois inaudible.

Une arthrose dorsolombaire sévère détruit inexorablement mes cartilages, enflamme insidieusement mes articulations, déforme mes vertèbres et me fait souffrir le martyre. La douleur lancinante est présente chaque jour, à la limite du supportable. J'ai du mal à bouger. Je me déplace avec une canne. Je porte un corset.

S'ajoute l'inflammation chronique de mes genoux. La galère !

L'arthrose nous condamne, mon épouse et moi, à l'immobilité : plus de sorties, de concert, de spectacles, de cinéma.

J'ai eu récemment, en l'espace d'un an, trois petites frayeurs : j'ai été hospitalisé d'urgence, une première fois, pour une arythmie cardiaque grave, une deuxième fois pour un AVC et récemment pour malaises nécessitant l'implantation d'un *pacemaker* (stimulateur cardiaque) sous ma clavicule.

Mon cœur m'a envoyé un signal : Alex, sois raisonnable, arrête de te prendre pour un jeune homme, ménage-toi !

Plus de peur que de mal ! Je m'en suis encore sorti, toujours protégé par ma bonne étoile. Ma sacrée baraka !

Mon épouse, la femme de ma vie, n'est pas mieux lotie.

Dina a toujours été une femme courageuse, une super-mamie. Atteinte d'un diabète tardif, difficile à équilibrer, elle souffre comme moi d'arthrose qui lui rend aussi la vie pénible.

Elle a besoin d'un déambulateur pour se déplacer.

Elle supporte difficilement de se voir handicapée.

De plus, elle est affligée de la maladie de Parkinson.

J'appréhende le moment où nous serons impotents. L'angoisse que nous éprouvons et nous hante, être atteints de démence sénile (Alzheimer), affalés sur notre fauteuil ou cloués au lit, devenir dépendant et un fardeau pour nos enfants.

Nous aimerions leur épargner le triste spectacle de la maladie et de la décrépitude.

Dina et moi, nous nous posons la question de notre enfermement en maison de retraite pour personnes âgées dépendantes. Nous essayons de rester le plus longtemps possible chez nous. Patientons encore un peu avant de tourner la page de notre aventure.

Les voyages

Les moments des grandes vacances provoquent en nous un grand vide et l'angoisse.

Sont loin les départs de la famille au complet vers les lieux ensoleillés des bords de mer, les séjours en villages de toile et les centres aérés pour nos jeunes enfants, en colonies de vacances.

Mes enfants et petits-enfants ont la bougeotte. Ils sont épris de voyages. En véritables globe-trotteurs, ils passent leur vie à sillonner les airs et parcourir le monde.

Ils partagent avec moi le désir de voir ailleurs, de connaître d'autres pays, d'explorer d'autres cultures, d'autres façons de vivre. Découvrir le monde.

Quand ils étaient plus jeunes, ils encadraient des colonies de vacances en différents pays d'Europe. Ils ont adoré.

Aujourd'hui, les prix de transport en *low cost* étant plus abordables, on devient plus mobile. On voyage tout le temps.

Mon épouse et moi avons beaucoup voyagé par mer et par les airs. Nous avons eu l'occasion de connaître les capitales européennes et de nous rendre, plusieurs fois, aux Etats-Unis où notre fils Marco s'était installé.

Il était parti aux USA pour suivre des études de doctorat.

Après son mariage, il s'y est installé de manière permanente.

Mes parents ont fait leur *alyah* (montée en Israël) en 1951. J'ai eu le bonheur, depuis leur départ, d'aller leur rendre visite chaque année, durant les vacances, d'abord seul puis accompagné de mon épouse et ensuite ensemble avec mes jeunes enfants.

Israël compte parmi les pays le plus développés, les plus créateurs et les plus modernes du monde.

Un coup de cœur pour cet Etat, Nation start-up la plus innovante, où se réalise l'espoir du *kibboutz galouyoth* (le rassemblement en Terre promise des exilés aux ethnies diverses, parvenant des cinq continents) : *Ashkénazes,* Juifs originaires de l'Europe de l'Est et *Séfarades,* Juifs d'Afrique du Nord et du Moyen-Orient confondus, forment *le melting-pot.*

Israël est le pays le plus cosmopolite du monde.

A chaque visite touristique je vois avec émerveillement l'Etat d'Israël se métamorphoser, se développer et embellir.

A Tel-Aviv les gratte-ciels se multiplient.

Dorénavant et à mon grand regret, je dois renoncer aux voyages et à admirer les beaux paysages des contrées lointaines que j'aurais aimé visiter. Mes déplacements deviennent hypothétiques. Je suis condamné à l'immobilité. Adieu la liberté !

Je ne pourrais plus flâner le long de la *tayelette* (la promenade du front de mer de Tel-Aviv, comme un prolongement de la Côte d'Azur), envahie de touristes, ni me rendre à Jérusalem, qui n'a jamais été la capitale d'un autre Etat que l'Etat juif, pour prier devant le *Kotel* (le Mur, vestige du Temple édifié par le roi Salomon et, après sa destruction, reconstruit par le roi Hérode) et glisser, dans une de ses anfractuosités, un petit papier où j'exprimais des vœux de bonne santé et de bonheur pour les miens, et pour la paix sur la terre.

Je ne manquais jamais de visiter, avec une grande émotion, le musée mémorial de la Shoah

Yad va Chem, institution internationale, fondée à la mémoire des six millions de victimes du nazisme.

Aujourd'hui plus de loisirs, de voyages, de balades, de marches à pied (nous étions de grands adeptes de la marche et déambulions des heures durant le long des rues de Paris), plus de projets, plus de beaux rêves, souvent des cauchemars.

Nous dormons peu et mal.

La vie quotidienne

Nous gérons de notre mieux les tâches de tous les jours.

Il n'arrive rien d'intéressant dans notre emploi du temps.

Une certaine routine.

Nos journées sont structurées et monotones. Nous voyons défiler les jours, avec les obligations rituelles : petit-déjeuner, déjeuner, dîner ; vaquer aux courses au supermarché, à la boulangerie ; visites ponctuelles chez le médecin, le pharmacien, le kinésithérapeute, le coiffeur ; et le train-train, au jour le jour, des travaux ménagers.

Nous sommes cloîtrés entre les murs de notre appartement et nous nous sentons de plus en plus seuls et oisifs. La vie s'écoule avec des moments difficiles à vivre, qui génèrent un sentiment d'abandon, la pensée de n'être plus utile.

Mais, cessons de nous plaindre et prenons les choses telles qu'elles sont, sans atermoiements.

Nos enfants et petits-enfants, si tendrement aimés, nous rendent visite le plus souvent possible, en général tous les *chabbatoth* (les samedis) et à l'occasion des fêtes religieuses et des anniversaires. Ils nous sauvent ainsi un peu de l'ennui.

Notre grande passion est d'être avec eux. Ils nous permettent d'oublier momentanément la réalité. Ces réunions familiales sont notre source de plaisir, pleines de tendresse, de rires et de joies, des moments rares de bonheur, d'embrassades et de câlins. Place à l'amour ! Un vrai bonheur !

Ils nous rendent bien l'affection éperdue que nous leur portons, corps et âmes. Nous sommes très choyés. Ils sont gentils, prévenants et attentionnés. Ils sont heureux de partager nos repas en famille. Essentiellement la cuisine de grand-mère.

La cuisine de mamie est très cosmopolite et hautement appréciée. C'est la meilleure !

. De ses racines italiennes, Dina est insurpassable en *polpetone* (viande hachée farcie d'œufs durs), *pizzas* et *spaghettis*.

. De ses voisines tunisiennes, elle a appris à cuisiner le meilleur *couscous*, la *bkaïla* aux épinards, les *tagines* et *la chakchouka*.

. Côté cuisine française, elle excelle en *cassoulet, choucroute, hachis Parmentier, tournedos, sole meunière*.

. De ma mère, elle a appris les mets turco-espagnols : *mina*, omelette à base de *matsots* (les pains azymes), *bamia*, ragoût à base *de gombos, boyos*, beignets farcis aux épinards ou à la viande, *yabraks*, feuilles de mûrier farcies au riz et à la viande.

A noter que, lorsque la viande est au menu, le beurre et autres produits lactés n'entrent pas dans notre cuisine *cachère*.

On n'utilise en général, pour les ragoûts et les salades, que l'huile d'olive. A profusion.

Dina est ravie de transmettre à nos petits gourmets ses recettes. Ils ont le goût des bonnes choses.

Pour ces joyeuses circonstances, nous sortons notre belle vaisselle en porcelaine et nos couverts en argent, tandis que la nouvelle génération utilise, lors des fêtes, une vaisselle en plastique jetable.

La famille s'est agrandie. Nos ravissants arrière-petits-enfants, si pétillants, que nous voyons malheureusement peu et que nous visionnons sur l'écran de ma tablette, nous laissent béats d'admiration. Moments extatiques, chargés de grande émotion. Nous ressentons une si folle envie de prendre les bébés dans nos bras et les bichonner. Mais ils sont loin. Nous ne les voyons malheureusement pas grandir.

Nos enfants ont eu le privilège de bénéficier de la forte croissance économique et de l'insouciance de la période dite des « *Trente Glorieuses* ». Ils ont fait l'armée, pas la guerre.
Ils ont profité de la vie.
Mais aujourd'hui la vie est dangereuse. Je ne puis m'empêcher d'être inquiet pour l'avenir des nouvelles générations.

Nous vivons la période la plus dangereuse de toute l'Histoire humaine.

Chapitre VIII

Evénements et inventions de la décennie

Dix ans de conquête spatiale

Un engin lancé il y a plus de 10 ans dans l'espace, par une fusée Ariane 5, a réussi à se poser à la surface de la comète Tchouri. Après cinq ans de voyage, la sonde américaine Juno a réussi à se mettre en orbite autour de la planète Jupiter, la plus grosse planète du système solaire.
L'Europe prépare la conquête de la planète Mars.

Dix ans de dérèglement de la planète Terre

L'incapacité à traiter les problèmes du réchauffement climatique de la planète, de la pollution de l'eau, de l'air, de la terre et de la surpopulation (2 milliards d'êtres humains l'année de ma naissance, près de 4 milliards aujourd'hui), les émissions de gaz à effet de serre dues à l'activité humaine.

Mais des énergies renouvelables plus performantes, notamment l'énergie solaire (grandement développée en Israël).

Dix ans de crises mondiales

Crises économique, financière, alimentaire. Déclin des économies du monde développé ; le krach de 2008 ; le chômage élevé et la pauvreté dans le Tiers-monde, particulièrement celui des jeunes.

Dix ans de catastrophes naturelles

D'une ampleur jamais atteinte, des cyclones dévastateurs, les tremblements de terre en Haïti, au Chili, en Chine, en Nouvelle-Zélande, au Japon (le tsunami de 2011 a détruit plusieurs grandes villes dont Fukushima et Sendai), au Népal (le bilan global du séisme de 2015 dépasse les 7500 morts). Cataclysmes épouvantables ! Atmosphère de fin du monde !

A remarquer : l'aide d'Israël à ces régions frappées du désastre a été la plus importante. Les médias n'en parlent pas.

Dix ans de guerres

. Les guerres civiles en Irak, en Syrie (Bachar el Assad n'hésite pas à employer des armes chimiques contre sa propre population), au Mali, au Nigéria, au Yémen.

. Le Conflit israélo-libanais de 2006. Tsahal lance une vaste offensive sur le Liban après l'enlèvement de 2 soldats israéliens par le Hezbollah et la mort de 8 autres le long de la frontière.

. Le 10 juillet 2014, toute la famille se trouvait réunie à Tel-Aviv, pour la célébration du mariage de notre adorable petite-fille Yaël, lorsque nous entendîmes hurler les sirènes et allâmes rapidement nous réfugier dans les abris de l'hôtel où nous passions nos vacances. On entendait le bruit d'explosion des roquettes lancées de Gaza et interceptées par les antimissiles israéliens.

L'opération *Bordure protectrice*, à Gaza, engagée pour défendre le pays contre les milliers de missiles et les tirs de mortiers du Hamas frappant la population israélienne à l'aveugle, heureusement protégée par le *dôme de fer*.

Le Hamas a utilisé les civils de Gaza comme boucliers humains, en tirant des roquettes depuis des mosquées, des hôpitaux et des écoles.

« *Le Hamas a encouragé les enfants à aller au front, mettant leur vie en danger dans le seul but de servir leur combat politique.* » (La reine Silvia de Suède).

Par ailleurs, l'organisation terroriste a, à plusieurs reprises, appelé ses civils à ignorer les avertissements de l'armée israélienne qui les invitait à évacuer une zone avant un raid imminent.

. La menace iranienne. L'Iran dispose d'un très vaste programme nucléaire. Il est soupçonné de développer la bombe atomique. Il prend à son compte le projet démentiel des nazis d'exterminer le peuple d'Israël et les Juifs.

. Le Sinaï égyptien, où le *Daesh* s'est implanté, connaît depuis le début de l'année 2015 une vive reprise des activités terroristes.

La sécurité du Proche et du Moyen-Orient est en danger ainsi que celle du monde. Je rêve d'une planète sans guerre.

La montée des périls

On assiste aux affrontements entre fondamentalistes sunnites et chiites en Irak, entre Hindouistes et Musulmans en Inde, entre Chrétiens et Musulmans à l'échelle mondiale.

Notre génération a été marquée par les totalitarismes nazi et soviétique. Elle vit aujourd'hui sous la menace du djihadisme qui a déclaré la guerre sainte à l'Occident. *Al-Qaïda* a terrorisé le monde.

Sans être fataliste, je suis inquiet pour l'avenir de nos jeunes. Le monde n'a jamais été aussi dangereux. Il s'oriente vers une guerre cosmique.

Avec la disparition des derniers survivants de la Shoah, les témoins des camps de l'horreur se raréfient. Il ne faut pas que « *la mémoire vivante devienne une histoire morte* ». (Vincent Engel, romancier)

Je m'efforce, pour ma modeste part, de transmettre, partout et sans relâche, ma vision du camp de Dachau lors de sa libération.

Le printemps arabe

Vague de révolte qui a déferlé sur le Moyen-Orient et l'Afrique du Nord. On a cru qu'il s'agissait du début d'un changement démocratique en Tunisie, puis en Égypte. De nombreux massacres ont eu lieu depuis son lancement.

Les migrations

L'Europe connaît la crise majeure la plus grave qu'elle ait connue depuis des décennies avec les migrations. Des dizaines de milliers de femmes, d'enfants et de vieillards destitués, dépossédés de tout, en train de fuir leurs maisons, arrivent en

Europe qui se trouve confrontée à la crise d'immigration.

La politique migratoire de l'Europe soulève des questions.

« La politique ultralibérale des Européens est irresponsable. Le multiculturalisme a échoué... Se contenter d'ouvrir les portes et souhaiter la bienvenue à tout le monde ne fait que créer le chaos. Selon moi, lorsqu'un visiteur est invité chez quelqu'un, il doit se comporter correctement et respecter les règles de son hôte... Tous les migrants ne semblent pas le savoir. » L'Express (24 février 2016)

Force est de constater que l'immigration musulmane renforce la diffusion de l'islamisme en France.

Les élections et évènements politiques

- 2012 fut une année charnière avec les élections en Russie du président Poutine.
- Aux États-Unis, réélection de Barack Obama. Pour la première fois, en 2008, un homme de couleur est entré à la Maison Blanche.
- A Londres : la plus grande métropole européenne vient d'élire un maire musulman.
- En France, Nicolas Sarkozy est battu par François Hollande.

- Le Hamas s'est emparé de la bande de Gaza en 2007.
- En 2014, mort de Ariel Sharon, qui avait pris l'initiative d'évacuer la bande de Gaza.
- La France a adopté le mariage homosexuel en 2015.
- L'invention de la fécondation in vitro, procréation médicale assistée.

.

Epilogue

Cogito ego sum !

L'heure est aux vrais questionnements et aux multiples réflexions philosophiques, classiques, que tout un chacun est obligé de se poser, questions qui restent hélas sans réponses ou peu satisfaisantes et qui donnent libre cours à notre imagination :

. Quelle est l'origine de l'Univers ?
. Où va le monde ?
. Quel est le sens de l'Existence, de l'Esprit, de l'Amour, de la Mort et de la Vie après la mort ?
. Du Bien ? du Mal ?
. Du bonheur ?
. Pourquoi le mal, la douleur, l'injustice, le crime, les handicaps et les génocides, incompréhensibles pour un esprit sain ?
. Comment serons-nous accueillis dans l'au-delà : Le Paradis ou l'Enfer ?
. Du destin et du libre-arbitre ?
. De la Religion ?
« La science sans la religion est boiteuse ; la religion sans la science est aveugle. » (Albert Einstein, prix Nobel)
. **D.** ?

. Question lancinante du silence de **D**. pendant la Shoah ? Comment être juif après cet indicible cataclysme ?

La proximité de la mort

Le compte à rebours a commencé. C'est le début de la fin.

Le cœur va s'arrêter du jour au lendemain.

Espérons que les années qui nous restent à vivre, n'entraînent pas trop de souffrances et que la tristesse de ceux que nous laisserons sera brève.

Le Juif voit le corps et l'âme comme étant interdépendants.

Pour Socrate : « *l'âme donne vie au corps. Elle est immuable et éternelle.* »

Pour Epicure : « *Il n'y a rien après la mort, il faut donc jouir de la vie sans se soucier de la mort.* »

Pour les matérialistes : « *Lorsque notre corps meurt, il n'y a plus rien.* »

Pour Descartes : « *La vie n'est qu'un phénomène physio-chimique complexe et n'a rien à voir avec l'âme.* »

Est-ce que je fais de la philosophie comme Monsieur Jourdain faisait de la prose sans le savoir ?

Je tourne la dernière page de mon journal intime, le livre de ma vieillesse, en concluant sur mon espoir de paix dans le monde.

Je tire ma révérence.

Adieu ! Chalom ! Bons baisers !
....
....
....

P.-S. La suite de mon feuilleton dans dix ans ? Lol…

Achevé d'imprimer en novembre 2018
Pour le compte de Z4 Editions